POÈMES DU MONDE ENTIER III

DU MÊME AUTEUR :

Ballades des métiers (autoédition, 2009)
Sonnets pour le vingtième siècle (autoédition, 2010)
Sonnets anglais (autoédition, 2010)
Ballades botaniques (autoédition, 2011)
Sonnets pour deux générations (autoédition, 2011)
Rondeaux et rondels (autoédition, 2012)
Poèmes anciens (autoédition, 2012)
Haïkus et tankas (autoédition, 2012)
Ballades des quatre saisons (autoédition, 2013)
Chansons enfantines (autoédition, 2013)
Poèmes à chanter (autoédition, 2013)
Sonnets des six continents (autoédition, 2013)
Ballades satiriques (autoédition, 2014)
Poèmes à chanter II (autoédition, 2014)
Sonnets de l'Histoire de France (autoédition, 2015)
Poèmes coréens (autoédition, 2015)
Sextines de tous temps (autoédition, 2015)
Pantouns de France et d'ailleurs (autoédition, 2015)
Chants royaux d'hier et d'aujourd'hui (autoédition, 2015)
Sonnets pour une Provence mystérieuse (autoédition, 2015)
Sonnets pour un Paris mystérieux (autoédition, 2016)
Sonnets pour la ville d'Orange (autoédition, 2016)
Poèmes du monde entier (autoédition, 2016)
Sonnets en assonance (autoédition, 2017)
Sonnets pour les provinces de France (autoédition, 2017)
Poèmes à chanter III (autoédition, 2017)
Poèmes à tout vent (autoédition, 2017)
Poèmes du monde entier II (autoédition, 2018)
Poèmes pour célébrer les fêtes (autoédition, 2018)
Poèmes à chanter IV (autoédition, 2018)
Ballades d'aujourd'hui (autoédition, 2019)

Michel MIAILLE

POÈMES DU MONDE ENTIER III

Michel MIAILLE, éditeur

Michel MIAILLE, éditeur,
michel.miaille@orange.fr
ISBN : 979-10-91164-71-9
« Le code la propriété intellectuelle interdit les copies ou reproductions destinées à une utilisation collective. Toute représentation ou reproduction intégrale ou partielle faite par quelque procédé que ce soit, sans le consentement de l'auteur ou de ses ayant cause, il est illicite et constitue une contrefaçon, aux terme des article L 335-2 et suivants du Code de la propriété intellectuelle. »

AVANT-PROPOS

Comme chacun sait, notre époque est à la mondialisation et ce dans tous les secteurs même si, par ailleurs, celle-ci engendre une recrudescence des particularismes de toutes sortes. Une certaine uniformisation voit le jour dans le domaine de la culture et de la littérature et, bien entendu, les poètes et la poésie n'y échappent pas.

J'ai voulu, dans un premier temps, pourtant, tenter modestement d'établir quelques ponts dans ce domaine si particulier en essayant d'adapter, en français, quelques formes typiques de poésie venues d'ailleurs. J'ai ainsi essayé, dans un premier temps, de montrer qu'il était possible d'écrire des triades mongoles, des rubaiyat persans, des luc bat vietnamiens, des cywyddau gallois, en français tout en respectant les formes d'écriture locales.

L'expérience, bien que ténue, voire périlleuse, m'a paru passionnante ; bien des fois, je me suis posé des questions, bien des fois je suis resté perplexe ; je n'ai pas hésité à rendre visite à des poètes anglo-saxons qui m'ont semblé plus à l'aise sur ce terrain que nous Français ; j'ai analysé leur démarche en me disant souvent « qu'est-ce que ça pourrait donner en français ». Puis je me suis lancé.

Aujourd'hui, j'ai décidé de recommencer ou plutôt de continuer l'expérience avec de nouvelles formes et de nouveaux poèmes « venus du bout du monde » et je vous livre ici asefras kabyles, blasons et contreblasons français, chueh chu chinois, coplas reales espagnoles et autres poèmes. Le monde est devenu si petit de nos jours, qu'on peut facilement en faire le tour, en poésie du moins.

Michel Miaille

I ASEFRAS KABYLES

J'ai longtemps couru la vie,
La tête ravie,
Ou la proie de longs tourments.

J'ai connu gloire et envie,
L'âme inassouvie,
Entre rêves et romans.

La route que j'ai suivie
Et que j'ai servie
M'a donné de grands moments.

J'étais fou dans ma jeunesse,
Sans lois ni sagesse,
Excité comme le vent.

Je brulais cette richesse,
À toute vitesse,
Comme un chien, le cœur content.

À présent dame vieillesse
Me poursuit sans cesse,
M'infligeant son vil tourment.

Les gens vont toujours plus loin,
Suivant leur chemin,
S'arrêtant souvent en route.

Leur but leur semble lointain,
Comme leur destin,
Parsemé d'espoirs, de doutes.

Puis un jour s'en vient la fin,
Le dernier refrain,
La mort au son de déroute.

La nature épanouie
Dans ses beaux habits
Montre ses jolies couleurs.

Tout semble le paradis,
En bleu et fleuri,
Aux exaltantes odeurs.

Bientôt la saison des pluies
Et ses froides nuits
Effaceront ces douceurs.

Notre maison a chanté
Jusqu'à satiété
Au rythme de nos enfants.

Le monde était en beauté,
Hiver comme été,
Pour nous leurs heureux parents

Mais le temps a dévasté
Nos cœurs tourmentés
Par les secousse du temps.

L'amour est tout en sourire
Et sans fin soupire
Pour d'innombrables amants.

Les uns, les autres, s'admirent
Dans un livre à lire
Sans entrevoir les tourments.

Un jour tout peut se produire
Et même le pire
Sous les grimaces du temps.

Le manège fait des tours
Et la fête court
Dans les cœurs et dans les têtes.

Tout pareil file l'amour
Dans tous ses contours
Et son enivrante quête.

Il nous arrive un beau jour
Avec ses atours.
Il s'éteint, on le regrette.

Voici qu'arrive un enfant,
Tel un doux présent
Au cœur de notre existence.

Il va grandir lentement
Au fil des printemps,
À chaque an qui recommence.

On se souvient de ce temps,
De nos bons moments,
Lorsque notre hiver s'avance.

Le soleil fait sa chanson
Dessus l'horizon,
La verdoyante nature.

C'est le temps de la moisson,
Du chaud à foison,
Avec sa chappe si dure.

Demain les vents souffleront
Plus que de raison
Lorsque l'automne perdure.

Je déguste ma jeunesse
Comme une richesse,
Sans souci de l'avenir.

Un ciel bleu me suit sans cesse,
Plein de ses promesses
Et de bonheurs à venir.

Pourtant les beaux jours nous laissent,
Avec la vieillesse,
Lorsque la vie va finir.

II BLASONS ET CONTREBLASONS FRANÇAIS

Blason pour un genou féminin

Vous le cachez souvent au regard des passants
Ou dessous les frou-frous d'une tendre dentelle,
Soleil qu'on ne voit pas mais qui nous interpelle
Et qui suscite en nous de doux désirs naissants.

On ne l'entend pas et pourtant ses accents
Font naitre dans nos sens une chaleur nouvelle.
Le bonheur fait son chant, à nouveau nous appelle
En mettant en valeur vos atouts innocents.

Avec une âme pure et sans grivoiserie,
D'un geste détendu, d'une main aguerrie,
Comme un tendre animal, comme un gentil joujou,

Quel que soit le moment, quelle que soit l'année,
Dans la douceur d'un soir ou d'une matinée,
J'aime tant l'admirer, votre charmant genou.

Blason pour un coude

Vous le cachez sans le vouloir,
Ne le dévoilant que le soir.
Il dort souvent dans votre manche,
Tous les jours même le dimanche,
Au beau milieu de votre bras,
Sans chiquet et sans apparats.
C'est un bel animal notoire,
Un atout, un fier accessoire.
Il aime à se faire discret
N'ayant pourtant aucun secret.
Il sait se montrer à nos vues
Dans d'envahissantes revues.
Certains le disent parfois dur,
Conservant un regard très pur.
On adore sa douce forme
Loin du joyau qui se déforme.
Lorsque s'en revient le beau temps,
On le lorgne les yeux contents ;
On se dit, la mine ravie,
Qu'on voudrait partager sa vie.
C'est un trésor de votre corps,
Hélas, si peu souvent dehors.
Pourquoi nous le cacher, madame,
Ce morceau de vous haut de gamme,
Ce cadeau, ce tendre présent,
Avec son regard bienfaisant.
Même en colère, quand il boude,
Il est si charmant votre coude.

Contreblason pour de faux ongles

Ils ont l'air de superbes griffes
Faits pour dompter les escogriffes,
Avec leur bel air enjôleur
Qui mettent vos mains en valeur.
Vous savez chaque jour les peindre
Avec plaisir sans vous contraindre.
Du bleu jusqu'au rouge vermeil,
Ils charment même le soleil.
Ils ont l'éclat de la peinture,
Parfois même de la nature.
Pourtant ils sont peu naturels,
Semblables à tous vos rimmels.
Vous les mettez, indifférente,
Comme une parure évidente.
À l'aise dans les apparats,
Entre parfums et mascaras,
Vous vous plaisez dedans la frime
Voulant toujours être sublime.
Les grands amateurs de clinquant
Adorent votre aspect piquant.
Vous êtes la plus belle femme,
Celle qui damnera leur âme.
Ils lorgnent vos doigts et vos mains,
Promesses de doux lendemains.
Loin de l'amour de la tendresse,
Seule l'apparence vous presse
Et, dans ce monde aux éternels maux,
Hélas, vos ongles sont tous faux.

Blason pour un petit nez retroussé

Il trône un peu comme un roi
Tout au milieu de votre figure
À la fois insolent et coquin
Dévisageant effrontément tout ce qui passe
Devant ses yeux et sur votre visage
Il sait de quel côté vient le vent
Et hume toutes les odeurs
C'est un sacré garnement
Il est là et prend toute la place
Entre vos deux yeux votre bouche
Cyrano en serait jaloux
Malgré son brillant panache
Et ses mots pareils à des tonnerres
Répandant leurs gasconnades
Mais lui se veut bien plus discret
Parmi vos innombrables atours
Ceux que vous savez nous montrer
Et tant d'autres si bien cachés
Quelquefois quand le froid le mord
Vous sortez votre mouchoir
Pour essuyer tous ses pleurs
Maudissant ces journées glacées
Que maitre Hiver sait distribuer
Mais nous l'aimons le chérissons
Tel que le ciel vous l'a donné
Un peu comme un emblème
Un superbe étendard
Lui votre atout depuis toujours
Votre petit nez retroussé

Contreblason pour une perruque

Ils couvrent votre dos, vos superbes cheveux,
En reformant sans cesse une onde magnifique.
Devant cet ornement, tout un chacun abdique,
Le cœur, le corps tout prêts pour de tendres aveux.

Devant eux on soupire en formulant des vœux
Pour les toucher un jour et, pour peu, l'on panique
En voyant ce trésor. Mais vous, l'œil ironique,
Vous riez de ces gens, exaltés et nerveux.

Pourtant moi je sais bien que la parure est fausse
Et que, derrière vous, plus d'un quidam se gausse
De l'aspect, la couleur de ce faux élément

Car ce charmant attrait qui cache votre nuque
Est simplement un leurre et la nature ment :
Juste sur votre tête, on trouve une perruque.

III CHUEH-CHU CHINOIS

Je m'en vais loin, vers mon sort
Ou qui le sait, vers la mort
Vers d'autres terres, voir le monde
Sans croire au ciel, seul à bord.

Il pleut sans fin sur ma vie
Mon pauvre cœur bat très fort.
Le jour tout plein d'un air grave,
Me dit d'un trait : Vois le port.

Le bois me dit : cours bien vite,
Viens sous le ciel, sens mes fleurs.
Un vent tout frais, sur ma face,
Met de la joie sur mon cœur.

Je vois la vie, le cœur gai,
Les sens en fête, loin des pleurs.
En ce doux mois, le temps rêve
Quand, dans ce jour, le froid meurt.

De longs becs durs sont en vol
Tous bien en rangs loin du sol.
Ils vont là-bas vers des terres
Où la mer bleue est moins folle.

Le ciel bleu rit de ses feux
Gai de son art, de son rôle.
Moi je suis là sans un cri,
Seul avec mon ras-le-bol.

Il pleut sans fin sur la ville.
Sous un ciel froid, tout me fuit
Et tous les gens, la vue terne,
Vont sans un mot, sans un bruit.

Et moi je vais, l'âme en peine,
Seul sous cette eau, dans la nuit.
Je suis mes pas, je me traine
Et sans un but, ma vie fuit.

Le temps s'en va, sans rien dire,
Sans voir le bon ou le pire
Et il nous prend tous nos jours,
Frais et fin prêt pour nous nuire.

De temps en temps, on voit luire
Un grand ciel bleu et son rire
Au fil des ans, de leur cours,
Dans tant de mots qu'on peut lire.

Voici la fin des beaux jours,
Du ciel tout bleu, de son cours.
Sous les longs mois de la pluie,
Le froid s'en vient à son tour.

Le gris nous fait son vieux chant,
Le temps qui va est plus court.
Il faut sans bruit nous y faire
À ces cieux gris bien plus lourds.

Mer bleue
Un ciel blanc
Sans ombre
Sur un banc
Deux rires
Crient la vie
Le monde
Prend son temps

Pré vert
Et des arbres
Fleurs rouges
Tout en sang
Des plantes
Sur le sol
Doux mois
Pour les gens

Le temps
De la vie
Ce livre
Qu'on se lit
Les jours
En couleurs
Des nuits
Sous la pluie

Ces heures
À lutter
Ces ans
Que l'on suit

La mort

Qui attend
Des ans
Tout en gris

Il neige
Le blanc chante
Le froid
Sur les pentes
Des gens
Vers le bas
La vie
Sans les plantes

Des pics
Et des monts
Des lieux
Où il vente
Des cerfs
Et des biches
Des bêtes
En mort lente

Jeux fous
Vie en transe
Le bleu
Puis la chance
Demain
Tout en chant
Le rire

Et sa danse

Yeux gris
Sur les jours
La peur
Des maux denses
Du gris
Tous les jours
La mort
Et sa lance

Quel jour de joie
Sous les cieux.
On dit rend grâce
À ce Dieu
La vie est belle
Sur la terre.
On aime tant
Ces doux lieux.

Mais quand la pluie
Dans nos yeux
Et le vent joue
Son vil jeu
Puis le temps court
Sur la vie
Quand vient un chant
Bien moins bleu

IV COPLAS REALES ESPAGNOLES

Il fait si bon en ce matin
Porteur d'une douce lumière.
On aperçoit dans le lointain
Une fée, un joyeux lutin,
Une nature printanière.
Les forêts se sont concertées
Pour nous offrir une chanson
Après tant de belles nuitées
Sous les étoiles enchantées
Rêvant la vie à leur façon.

On entend courir les cours d'eau,
Heureux et satisfaits qu'il pleuve,
Pour s'inventer une autre peau.
Les voici dans leur grand berceau,
La rivière avec le long fleuve.
Bonjour madame la nature
Avec vos superbes enfants.
Les forêts et chaque culture
Offrent une belle aventure,
De l'hiver froid jusqu'au printemps.

Le soleil nous redit bonjour
Après la nuit et ses étoiles
Dans un grand sourire d'amour
Qui s'en vient nous faire la cour
En déployant ses grandes voiles.
Revoilà cette belle histoire
Qui ramène ses souvenirs,
Ces choses auxquelles on veut croire,
Ce temps qu'on savait provisoire
Et qu'on remplissait de soupirs.

Un autre jour soudain se lève
Avec ses nombreux imprévus,
Ce matin qui prend la relève
Avec une nuit qui s'achève
Sur tant d'évènements revus.
On entend de nombreux enfants
Dans la vaste cour de l'école.
Si certains semblent bien contents,
D'autres ont des airs déconcertants
Tout en dansant la farandole.

Un dimanche vient de finir
Et s'enfuit dans les vieilles pages.
Il en reste son souvenir,
De bons moments à réunir
Et déjà d'anciennes images.
La semaine ouvre ses volets
Et nous prépare une autre histoire,
Qui sait, des instants décalés
Dans d'imprévisibles ballets,
Couleur soleil ou couleur noire.

Voici que vient une journée
Avec ses rayons tout en or
Et sa lumière raffinée
Lentement s'est acheminée
Pour nous préparer son décor.
Ecoutez chanter les oiseaux,
Voyez naviguer un canard.
Le bonheur est dans les roseaux
Et se promène au fil des eaux,
Sans fanion et sans étendard.

Un enfant traverse la rue
Avec ses parents à grands pas
Dans une foule qui se rue
Sous une douceur apparue,
Celle que l'on n'attendait pas.
Mais de quoi sera fait demain
Sous le soleil ou sous l'orage,
Quand les jours suivent leur chemin,
Couleur d'enfer ou de jasmin,
Lorsque la vie est un voyage.

Un homme chante sa chanson
Et l'on entend d'autres musiques
Quand chacun joue à sa façon,
Apportant chaleur ou frisson,
Des airs très gais ou pathétiques.
Ainsi passe nos existences
Entre le bonheur, la douleur,
Au son de diverses cadences,
Dans les fureurs ou les romances,
En suivant nos sautes d'humeur.

Un arbre a grandi solitaire
Au milieu d'un immense bois
D'où l'on aperçoit plus la terre
Dans un inquiétant mystère
Où seul le vent chante parfois.
Il se dit qu'il aurait aimé
Faire parfois quelques voyages,
Connaitre un lieu plus animé,
Un bel endroit plus renommé,
Même tout empli de mirages.

Voici qu'arrive la saison
Où les fleurs se font une fête
En embaumant chaque horizon,
Faisant sourire chaque tête
Dans une éternelle conquête.
Revoilà les gentils oiseaux
Sautillant entre les branchages,
Les canards parmi les roseaux
Arborant tous des airs nouveaux
Et n'imaginant pas les cages.

V DODOITSUS JAPONAIS

Ma femme est un bel oiseau
Qui vole haut dans le ciel,
Toutes ailes déployées.
Mais quand revient-elle ?

L'amour fait un grand voyage
Et pose ses yeux de partout
Comme un éternel curieux.
Drôle d'animal.

Un homme, une femme ensemble.
Ils semblent faire un beau couple,
Le cœur le corps rayonnant.
Pourtant des gros mots.

Je t'aime dit la chanson.
Moi aussi je fais un rêve
Chante l'amour qui passait.
Deux charmants penseurs.

Une passion fait des siennes,
Le cœur et l'âme changeant,
Sans prendre garde au chemin.
Oh ! la belle ornière !

Des canards sur une marre,
Un long ballet dessus l'eau,
Quelques becs qui se disputent.
Drôle de saison.

Des nuages tout en haut,
D'immenses habits tout blancs,
Un voyage dans le ciel.
La pluie qui ricane.

Des oiseaux chantent là-haut,
Des hommes hurlent en bas,
Toutes leurs voix se mélangent.
Quel curieux concert.

L'eau discute avec le vent,
L'océan parle aux nuages,
Un brouhaha sur la terre.
De belles disputes.

Des arbres et puis le vent,
Un échange bien curieux,
Des mots tendres ou cruels.
Bagarre ou amour ?

Le travail crie au secours :
Je suis seul venez vers moi.
Personne ne lui répond.
Tout le monde est sourd.

Les travaux sont en arrêt,
Il tombe une triste pluie,
Impossible d'avancer.
Bonheur pour certains.

Les ouvriers sont à l'œuvre
Dessous le soleil d'enfer.
Il tombe des bouts de braise.
Pourtant quel ciel bleu.

On sent une belle ardeur
Chez tous ces gens au travail.
Chacun montre son talent.
Le ciel bleu rigole.

La belle vie au travail.
Quel vent pousse tous ces gens,
Rêvant d'une autre existence.
Que cachent les têtes ?

La ville ressort ses bruits,
Ses grands cris et ses vacarmes
Et c'est ainsi chaque jour.
Mais pourquoi changer !

Les autos font leur chanson,
Une bruyante musique.
On la connait tous par cœur.
Drôle d'habitude.

L'usine ferme ses portes
Dès que le soir est venu.
Très vite vient le silence.
Quel contraste étrange.

Un défilé dans la rue
Avec ses nombreux slogans.
Tandis que passe la foule.
Des cris de tous temps.

Grande fête dans la ville.
La joie a mis ses habits,
Ses flonflons et ses musiques.
Mais pour qui ces sons ?

Un chien redit son amour
À sa compagne fidèle,
Distribuant ses baisers.
Comme les humains ?

Deux oiseaux au fond des branches.
Des becs avec des caresses,
Le printemps et le bonheur.
Toujours ça de pris.

Un poisson et un oiseau.
Le grand amour à revendre
Au fond de l'eau, dans les airs,
L'attente longtemps.

Un loup et ses louveteaux,
Bien cachés dans une grotte.
Quel bonheur loin des humains.
Mais qui vient soudain ?

Un vieux singe, une guenon.
Du bonheur et des grimaces.
L'amour voudrait faire rire.
Les humains pareils ?

VI HAIN-TENYS MALGACHES

Je vous vois très souvent dans l'autobus.
Je regarde votre visage lointain.
J'aimerais tant vous parler
Mais ma langue reste muette.
Qui sait demain vous disparaitrez.
J'ai l'habitude des jours solitaires ;
Il pleut si souvent dans ma vie.

Il fait soleil dessus la ville.
Les bassins font briller leurs eaux.
La nature a mis son doux manteau.
Je file passant solitaire,
Tel l'oiseau dessus son fil.
Femmes qui passez dans la rue,
Qui circulez dans la vie,
M'adressez-vous un sourire ?
C'est si peu vous demander.

J'aimerais entrer dans votre vie, madame.
-Franchissez mon seuil si vous voulez.
J'ai mille trésor à vous offrir.
-je ne veux qu'un cœur à aimer ;
Le ciel est témoin de nos mots.

J'attends un bonheur à venir.
Je ne veux pas aller le chercher.
Faires croiser nos chemins un jour de soleil.
Un sourire s'en vient soudain ;
Faites qu'il s'arrête sur moi.

-Dans la ville, tout le monde le sait :
Vous êtes un seigneur important.
Vous brillez comme l'étoile du berger.
-Mon cœur s'est déjà fixé,
Tel un oiseau dans son nid.
Il ignore vos désirs.
Vos mains ne sauraient saisir
Une âme qui brille dans son coin.

-J'aimerais tant prendre votre cœur,
Le saisir à main tendues.
Voulez-vous de mes palais,
De mes lingots d'or,
Pour embellir votre vie ?
-Je n'ai que mon âme,
Le désir d'un enfant,
Sans besoin de palais.
Je ne veux pas de vos joyaux.
Vos richesses m'indiffèrent.

-J'ai fait briller des bijoux.
Les yeux de la belle scintillent.
-Le soleil lance des éclats
Et brulent mon corps
Mais ses flammes ne sont pas pour toi.

La nature frissonne.
Le vent du printemps s'est levé.
Je me suis tourné vers l'objet de ma flamme.
Son regard regarde ailleurs.

L'orage gronde sur la ville.
Je me souviens des orages entre nous
Quand des mots secouaient nos deux vies,
Quand un torrent de boue
Se faufilait entre nous.
Je veux aller vers un pays de soleil,
Là où vous n'êtes pas.

Dans une grande ville,
Il existe un grand désert.
Je le connais par cœur,
Je m'y suis perdue si souvent.
Il ressemble à mon amour,
Tel un arbre desséché.
Venez vous y perdre à votre tour.

-Dites-moi, arbres et oiseaux,
Ruisseaux et cours d'eau,
Avez-vous vu passer mon amour ?
-Nous l'avons vu passer hier.
Il semblait indifférent.
Il est passé sans nous saluer.
-Je crois qu'il butine d'autres fleurs,
Loin de moi, de nos souvenirs.

Je suis un arbre solitaire,
Sans amis dans la montagne.
Comme lui, sans mon amour,
Je suis à présent seule.

-J'ai cherché pour vous mille trésors.
J'ai revêtu mes plus beaux habits.
J'ai prié les cieux de nuit
Et dévoré les rayons du soleil.
-Peu m'importent vos simagrées,
Tous vos présents qui scintillent.
Une pluie triste tombe sur la ville.
Mais où étiez-vous
Du temps de mes plus beaux printemps
Lorsque je vous attendais
Dans de longs jours sans fin ?

Dans ce monde incertain,
J'ai déployé mille atours
Pour séduire ma belle.
Je m'en vais loin de son pays,
Le cœur déçu, l'âme alanguie,
En suivant la route grise,
Vers la région de ma naissance,
Dans ma triste demeure.

Mon amour,
Ne nous quittons pas en cette soirée d'été.
Ne nous quittons pas sur les sentiers de la montagne.
Ne m'abandonne pas au cœur de cette ville.
Ne laissons pas nos souvenirs en plan.
Pourquoi faut-il qu'un rien,
Un obstacle tout petit
Se dressent soudain dans nos vies ?

Je vous croyais le roi du monde.
J'avais le cœur battant devant vous,
Songeant à devenir votre.
À présent je vous connais mieux.
Je vois vos petites idées,
Votre gros ventre de nanti
Et votre avenir tout petit.
Enlevez vite de ma vue
Ce paquet qui gêne mes yeux.

Le monde déroule ses espaces.
L'univers est infini.
J'irai où bon me semblera
Chercher la belle entre les belles,
Croquer la pomme, tous les fruits défendus.
Je n'aurai qu'à les choisir ;
Les femmes de la terre sont à moi.

Cessez vos grimaces, mon ami.
Tous les faux-semblants sont un jour découverts.
Toutes vos fausses apparences
Partirons un jour dans le néant.

Le froid de l'hiver ne m'excite pas.
Le chaud d'été me laisse froid.
Votre corps n'a pas de saison.
Tout en lui me laisse indifférent.
Je préfère la nature épanouie,
Les arbres et les fleurs qui dansent.

VII RANNAIGHEACHT GHAIRID IRLANDAIS

Le printemps
Nous refait des cœurs contents
Dans sa superbe demeure
Où se meurent les autans.

Chantons haut
Ce ciel, ces arbres nouveaux,
Cette nature qui revit
Puis écrit de gais rondeaux.

Tant de fleurs
S'offrent avec leurs couleurs
Et des arbres sont en blanc
Quand le vent est en bonheur.

Les cieux brillent,
Tout comme les yeux des filles.
Dans l'admirable saison,
L'horizon de bleu s'habille.

Faune et flore,
Ensemble, viennent d'éclore
Et rient tels des amoureux
Sous le bleu qui chante encore.

Que longtemps,
La saison soit à plein temps
Ce ciel partagé ensemble
Qui bat l'amble et le printemps.

Le dieu froid
Vient déferler sur les bois
Dans sa grande houppe blanche
Où s'épanchent ses longs mois.

On grelotte
Sous une lueur pâlotte
Et les feux font leur chanson
Dans un ton qui ravigote.

Le grand roi,
En ces temps de désarroi,
C'est le vent piquant du nord
Lui qui mord tel un dieu froid.

Dis l'amour,
Refais ton chant de toujours,
Ta superbe mélodie
Que défient les troubadours.

Vois ici
Ceux qui te disent merci
Pour tant de superbes heures
Quand se meurent nos soucis.

Tes atours
Ont su tisser de beaux jours,
Des liens qui durent encore.
Tous t'adorent, toi l'amour.

Un enfant,
Pour vaincre les jours, les ans,
Pour affronter la vieillesse
Et sans cesse être content.

Un ami,
Pour tant de bonheurs promis
Et quelques folies futures
Que susurre un insoumis.

Un amour,
Pour quelques mois, pour toujours,
Pour nos meilleures années,
Pour gêner le temps qui court.

Un parent,
Très proche ou cousin d'antan,
Une simple connaissance,
La présence d'un enfant.

La nature,
Avec son vert nous rassure,
Sa flore et ses animaux,
Ses oiseaux et sa verdure.

Ses parures
Tout au fil des ans perdurent.
Je voudrais qu'au dernier jour,
Elle accoure, la nature.

Les vacances
Nous offrent leurs jours de chance,
Des rêves pour quelques temps,
Un roman dans notre France.

C'est l'été,
Le ciel bleu dans sa clarté,
La mer, les bateaux qui filent
Et cette île où accoster.

Et l'on danse,
Heureux, les corps en cadence
Laissant les maux de la vie,
Tous ravis, c'est les vacances.

Quel hiver,
Il tombe des froids divers,
Du vent, des morceaux de neige,
Un cortège aux lourds revers.

Des tourments,
Sont là dans tous nos instants,
Avec leurs longs cris sonores
Qui explorent chaque arpent.

Pourtant l'air
Nous refait son grand concert
De bonheur dans la froidure
Qu'on endure cet hiver.

La nuit noire,
Des monstres sortent pour boire
Le sang des pauvres victimes
Que décime un mal notoire.

Le vampire
Sucent les morts et soutire
La liqueur de l'être humain,
Ce divin suc qu'il aspire.

Les tombeaux
Voient de sinistres corbeaux
Errer sur le cimetière,
Les pierres et les rameaux.

L'immortel
Déploie ses crocs éternels
Dans les chairs décomposées,
Reposées, l'air naturel.

Une peur
A fait surgir ses horreurs
Au plus profond d'une tombe
Où retombe la douleur.

On peut croire
Au malheur, à nos déboires,
Quand surgit un mort-vivant,
S'activant dans la nuit noire.

VIII ROUNDELS ANGLAIS

Si je savais dire tous les mots tendres
À ce visage aux magnifiques traits,
Lui qui souvent ne veut pas me comprendre,
Si je savais.

Je n'ai qu'un cœur prisonnier des attraits
D'un joli corps aux étonnants méandres
Dont je voudrais tracer mille portraits.

La dame, hélas, ne saurait les comprendre,
Ces cris divers qui lui semblent abstraits.
J'aimerais tant la charmer, la surprendre,
Si je savais.

Le printemps chante avec sa jolie voix,
Ses mille fleurs qui soudain nous enchantent.
Le renouveau nous dicte ses lois,
Le printemps chante.

Nous voilà tous dans des douceurs grisantes,
Dans une ville ou dans le fond des bois,
Quand un ciel bleu inonde chaque pente.

On hume aussi la nature vivante,
La source neuve et tous les arbres rois.
Même s'il n'est qu'une étoile filante,
Le printemps chante.

Je m'en vais loin là-bas au bout du monde
Voir d'autres gens, rencontrer d'autres yeux.
Pour découvrir une autre terre ronde,
Je m'en vais loin.

J'ai fait le tour des souvenirs heureux
Et de ce temps où le passé m'inonde,
Parfois tout noir ou brillant de ses feux.

Vais-je trouver une autre mappemonde,
Un bel amour, qui sait, de nouveaux jeux ?
Comme l'agent d'une nouvelle fronde,
Je m'en vais loin.

La foule danse au son des instruments
En ce grand jour de bonheur et de liesse.
La vie nous fait de superbes moments,
La foule danse.

Sous le ciel noir, on aperçoit sans cesse
Des gens heureux, tout plein de mouvements,
En ce juillet et son temps d'allégresse.

Même l'amour nous fait une promesse
Pour se blottir dans le cœur des amants.
Pour que l'espoir à chaque instant progresse,
La foule danse.

Il va neiger sur les bois, dans la plaine,
Dessus la ville, au-dessus de ses toits.
Le froid s'abat sur le parc, la fontaine,
Il va neiger.

Tous les oiseaux cherchent les bons endroits
Pour s'abriter de la froideur soudaine
Qui les surprend et les laisse pantois.

Les jours glaciaux et l'hiver qui s'amène
Sont décidés à devenir les rois.
Une saison retrouve son domaine,
Il va neiger.

Le soleil brille au-dessus des moissons
Dans un été qui longuement rayonne.
Après les jours, le temps des floraisons,
Le soleil brille.

On aperçoit l'insecte qui bourdonne,
L'oiseau perdu parmi les épis blonds,
Quelques relents d'une nature atone.

Un peu partout, le monde s'abandonne
À la torpeur dans le fond des maisons.
Dans la campagne, on ne voit plus personne,
Le soleil brille.

L'automne est là, paré de ses couleurs
Avec sa pluie et sa sinistre brume.
On se redit avec des airs rêveurs :
L'automne est là.

Voici que vient, comme un gout d'amertume,
Cette saison et toutes ses saveurs
Avant l'hiver avec son blanc costume.

Il faudra bien que chacun s'accoutume
À ce ciel gris et ces fausses aigreurs
Car, on le sait, quand l'arbre se déplume,
L'automne est là.

Un arbre est blanc avec ses fleurs nouvelles
Comme un vrai roi dedans son élément.
Le printemps vient avec ses hirondelles,
Un arbre est blanc.

Le revoilà, brillant élégamment,
Sous son habit aux splendeurs visuelles,
Tel un cadeau dessous le firmament.

La saison chante au fond de nos prunelles
Comme un bel hymne, un cri de ralliement.
Comme un retour des douceurs éternelles,
Un arbre est blanc.

Nous n'irons plus au bois, la fête est terminée.
Nous nous contenterons de son vieux souvenir
En repensant à lui un peu plus chaque année,
Nous n'irons plus au bois.

Nous comprenons ainsi qu'un temps vient de finir,
Les beaux jours tous enfuis, l'époque surannée,
Quand surgit tout à coup un nouveau devenir.

Avec les bucherons, leur ardeur forcenée,
Bien d'autres constructions, un nouvel avenir,
Nous offriront bientôt une autre destinée,
Nous n'irons plus au bois.

Noël est revenu, comme tous les hivers,
Apportant son vieux lot de froidure et de neige,
Ses instants les plus chauds avec ses maux divers,
Noël est revenu.

On aime son décor comme un doux sortilège,
Son vieux parcours tout blanc au temps des pull-over
Quand le foyer tout chaud nous chauffe et nous protège.

Les sapins sont heureux, offrant leur florilège
De jouets pour enfants et des présents divers,
Au son d'un bonheur vrai, cet autre privilège.
Noël est revenu.

IX STRAMBOTTOS ITALIENS
(Siciliens, romagnols, toscans)

(Siciliens)
Dès que la nuit vient au-dessus de la ville,
Quand le noir emplit le cœur de nos maisons,
Je vois un fantôme éternel qui défile,
Entrainant vers moi ses mille déraisons.
Ce vieux souvenir, l'allure si fragile,
Distille sans fin ses aigreurs, ses poisons,
Avec les talents de son ardeur habile,
Ici, dans mon cœur, crevant les horizons.

J'ai couru le monde entier et puis la vie,
Recherchant sans cesse amour et âme sœur,
Comme un vrai défi, comme une vieille envie,
Quelqu'un qui voudrait se surprendre à mon cœur.
J'étais si certain de la trouver ravie
D'avoir un amant, un mâle protecteur,
Dans les jours heureux ou le temps de survie,
Pourtant aujourd'hui tout mon être est en pleurs.

L'amour, ce doux maitre, est un grand voyageur
Qui navigue sur les océans, les mers,
En nous apportant ses joies et ses frayeur,
Tant de plaisirs fous, de souvenirs amers.
Il nous faut savoir le garder dans nos coeurs
Tout en redoutant ses ardeurs éphémères
Car il joue souvent à vaincre nos ardeurs,
À travers ses jeux, ses différents critères.

(Romagnols)
J'ai le cœur battant lorsque je pense à vous,
À votre sourire et votre peau si douce.
Je revois ces jours où tout chantait pour nous
Tandis que tout passe et que le temps nous pousse.
Aujourd'hui je viens retrouver ces moments,
Nos anciens bonheurs, nos antiques élans,
Mais qui sait pourtant, malgré nos vieux je t'aime,
Je ne vous verrai plus tout à fait la même.

Comment va la vie et comment va l'amour
À travers le temps, dans de longues années ?
Ils vont leur chemin en se faisant la cour
Avec leurs façons pas très disciplinées.
Les entendez-vous tous ces chants éternels,
Dans leurs élans fous, amoureux et charnels ?
Ils portent ainsi parfois le même thème :
Celui du malheur ou celui des je t'aime.

Où sont-ils passés les amants de Paris,
Ceux de tous les jours et tous ceux du dimanche ?
Savons-nous s'ils ont réussi leurs paris
De vivre debout, dessus la même branche ?
Leurs élans ont-ils de superbes entrains
Ou bien pleurent-ils, accablés de chagrins ?
Seul le vent qui court peut savoir la réponse
Et pourtant jamais, il la chante ou l'annonce.

(Toscans)
Quand viennent les nuits de ce superbe été,
J'aime à regarder les étoiles brillantes,
Toutes scintillant dans leur diversité
Pourtant, dans mon cœur, toutes très émouvantes.
Je me trouve alors le cœur désenchanté,
Et l'âme livrée à de longues tourmentes.
Je repense à celle éveillant mon amour,
Celle dont j'attends l'improbable retour.

Une femme est là, présente dans ma vie,
L'œil indifférent ou le regard moqueur,
Hantant mes journées et le cœur de mes nuits,
Tout en ravivant l'éternelle douleur.
Est-ce que je vis, est-ce que je survis
Dans des regrets qui me rappellent tant d'heures ?
Certains sont très sûrs que le temps guérit tout
Pourtant les jours seuls, hélas, me rendront fou.

Les cloches sonnaient en ce superbe jour
Tandis que la joie inondait tant de vies.
On le connaissait depuis longtemps, l'amour,
Grisés par les chants de nos nombreux amis.
Aujourd'hui pourtant le ciel gris se fait lourd
Et nos deux cœurs sont devenus ennemis.
Il a tant neigé dessus nos horizons
Et le vieil hiver sent le poids des saisons.

Le ciel est tout bleu en ce jour de printemps.
J'entends tout au loin les mistrals, les autans,
Alors, lentement, je fais une prière
Pour qu'un paradis soit sur la terre entière
Mais je veux surtout que deux superbes yeux
Restent avec moi pour de longs jours heureux,
Ignorant ainsi, de façon égoïste,
Un monde cruel et sa drôle de piste.

Je repense à vous tout au long de mes nuits,
Dans ces longs moments où vogue mon ennui
Et je me souviens de nos élans d'amour,
Croyant arrêter un ennemi qui court.
Le temps, ce vaurien, a aiguisé ses dents
Pour pouvoir croquer le bonheur des amants.
Le voilà gagnant, croquant ce qui fut nous,
Des mois enfouis sous des torrents de boue.

Nous le redisons : merci à toi la vie
Pour nos bons moments et tout ce qui survit.
Il pleut de la joie et des mots de bonheur
Dessus nos foyers, au rythme de nos heures.
L'enfant est venu comme un autre présent
Descendu du ciel pour affronter le temps.
Quand nous partirons, loin, pour l'éternité,
Lui, restera là, prêt à tout affronter.

Voici ce grand jour, la fête de l'amour,
Avec ses baisers au vent de la tendresse
Et ses amoureux célébrant le retour
De Saint-Valentin que le bonheur caresse.
Il en est ainsi pour les êtres humains
Qui veulent s'offrir de jolis lendemains.

Nous avons connu de somptueux moments
Quand monsieur l'amour nous offrait son sourire
À nous les enfants, les simples garnements,
Qui ne savions pas où se cachait le pire
Pourtant, un beau jour, s'arrêtent les romans.
Dans nos souvenirs, un cœur blessé soupire.

Regardez la faune et puis toute la flore,
Ce monde qui vit et ne cesse d'éclore.
Madame nature offre ses grands moments.,
Chacun est heureux tout comme les amants
Pourtant on sait bien que tout est éphémère
Et que, tout au bout, la saveur est amère.

X TANAGAS PHILIPPINS

Le soleil nous dit bonjour,
Nous réveillant tour à tour,
Avec sa chaleur qui court.
Mais sera-t-il là toujours ?

Au vieux clocher midi sonne,
Qu'il fasse hiver ou automne.
Toutes ses notes résonnent.
Son heure est-elle la bonne ?

Bonjour messieurs les oiseaux,
Vous cachés dans les roseaux
Ou dans les arbres là-haut.
Comment vont les végétaux ?

La fête est dans le village
Avec ses joyeuses pages
Où tout un chacun s'engage.
Est-elle pour tous les âges ?

Bien le bonjour les enfants,
Vous joyeux, le cœur content,
Vous bousculant dans les rangs.
Que fera demain le temps ?

Il a neigé sur la ville.
Le vilain froid se profile
Avec tous ses maux en file.
L'hiver sera-t-il facile ?

La pluie tombe ce matin
Dessus les toits de la ville.
Ce jour sera incertain.
Comme le temps qui défile ?

Le vent nous fait sa chanson
De façon triste ou gentille.
A-t-il tort, a-t-il raison ?
Les gens sont-ils plus dociles ?

J'ai bien aidé les humains
Dessus cette terre immense,
Avec mon cœur et mes mains.
Aurai-je une récompense ?

Le tonnerre est en colère,
Frappant le ciel et la terre.
Soudain on ne l'entend plus.
Quelqu'un lui a-t-il déplu ?

Les champs donnent leurs récoltes
Sans rien dire et sans révoltes,
Prisonniers du jour, du temps.
Un homme en fait-il autant ?

Un homme cherche une femme,
Tout prêt à damner son âme.
L'amour s'en viendra demain.
Pourtant en est-il certain ?

Le monde va son train-train,
Ici sur toute la terre,
Voyant le moindre mystère
Mais que verra-t-il demain ?

Des gens vont à la kermesse
Pour s'amuser dans des jeux,
Insouciants et joyeux.
Ces lieux ont-ils bonne presse ?

Un mur se dresse à Berlin,
Coupant en deux cette ville.
Des barbelés sont en file.
Qui veut donc un zeppelin ?

Voyez le grand défilé
Sur la place de la Ville.
La foule applaudit les chars.
Qui sait pour combien de temps ?

Tout Paris est en révolte,
Faisant valser les pavés.
Tout le monde a l'habitude.
Qui peut dire l'avenir ?

Les rois de France sourient
En contemplant cette foule.
Ce siècle est-il différent ?
Où se cache le bonheur ?

Les chevaux mangent de l'herbe,
Sous leurs crinières superbes.
Voici l'homme au ton acerbe.
Que deviendra ce bon temps ?

Je suis seul dessus une île,
Sans grands soucis et tranquille,
Contemplant le temps qui file.
Quand viendront d'autres humains ?

Vivre dans une maison
Avec un bel horizon,
Un ciel bleu et des chansons.
La solitude est contente.

Voyez vivre la nature,
Tous ces végétaux qui durent,
Tous ces ruisseaux qui murmurent.
Est-ce pour l'éternité ?

J'écris les mots qui me viennent
Dans ces pensées qui sont miennes
Avant que la mort survienne.
Mais quels souvenirs plus tard ?

Nous le voulons pour toujours
Mais l'amour est comme un jour.
Son passage est souvent court.
Un jour il se fait la belle.

Les enfants jouent dans l'école
Pourtant vivement ce soir
Et puis la fin des devoirs.
En ce jour un peu d'espoir.

Les arbres font leur chanson
Sous le ciel, dans la nature,
Avec le ruisseau, l'eau pure.
Tous les bonheurs durent-ils ?

Un lac tout plein d'animaux,
Des canards bienheureux nagent.
Des oiseaux sont loin des cages.
Combien de temps le bel âge ?

Voyager pendant des jours,
S'en aller jusqu'à Vérone
Ou sous d'autres cieux qui tonnent
Mais irons-nous jusqu'à Rome ?

Nous avons marché longtemps
Sous le soleil ou la brume,
Heureux ou pleins d'amertume.
Où se trouve la fortune ?

Nous les avons parcourus,
Tous les chemins de la terre,
L'âme joyeuse ou austère.
Où s'arrêtent les mystères ?

RÉCAPITULATIF DES POÈMES :

I ASEFRAS KABYLES	P 11
II BLASONS ET CONTREBLASONS FRANÇAIS	P 17
III CHUEH CHU CHINOIS	P 23
IV COPLAS REALES ESPAGNOLES	P 29
V DODOITSUS JAPONAIS	P 35
VI HAIN-TENYS MALGACHES	P 41
VII RANNAIGHEACT GHAIRIDS IRLANDAIS	P 47
VIII ROUNDELS ANGLAIS	P 53
IX STRAMBOTTOS ITALIENS	P 59
X TANAGAS PHILIPPINS	P 65

Imprimé en France par lulu.com
Dépôt légal : juin 2019

www.ingramcontent.com/pod-product-compliance
Lightning Source LLC
Chambersburg PA
CBHW071410040426
42444CB00009B/2182